Zum Schreiben musst du Linien und Bögen schon gut ziehen können. Fahre die Bewegung jedes Tieres auf der gestrichelten Linie nach und setze sie dann alleine fort.

1

Beginne jeweils am grünen Punkt und ziehe die Linie in Pfeilrichtung nach. Hüpfe alleine weiter bis zum Ende der Zeile.

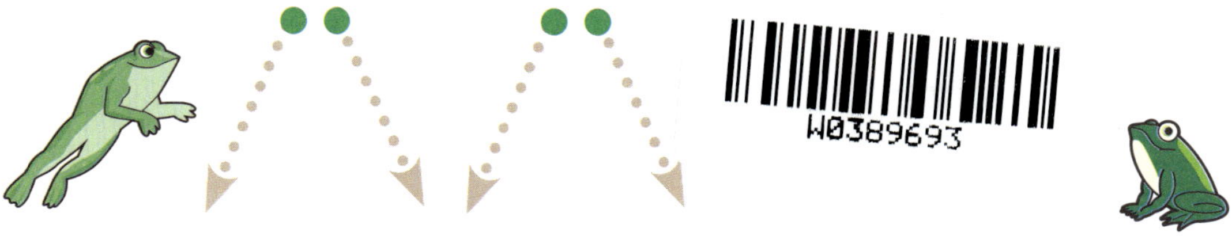

Beginne jeweils am gelben Punkt und ziehe die Kurven nach. Winde dich alleine weiter bis zum Ende der Zeile.

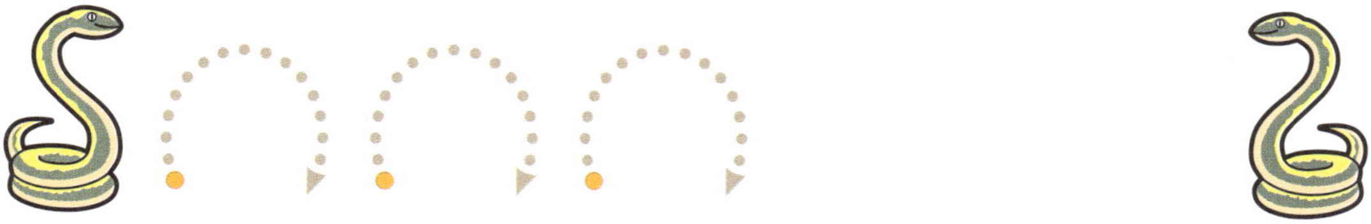

Der Marienkäfer fliegt von Blüte zu Blüte. Ziehe seinen Weg nach und setze ihn auf die gleiche Weise fort bis zur Blume.

Der Vogel fliegt und flattert zu seinem Nest. Ziehe seinen Weg nach und flattere alleine weiter bis zum Nest.

Aa

Das ist der Buchstabe **A**. Schreibe den großen und den kleinen Buchstaben **A**, indem du die Linien nachziehst.
Dann versuche es alleine.

Kreise die Frucht ein, die mit A beginnt.

Das Wort **A**meise  beginnt mit **A**.
Kreise die anderen Dinge auf dieser Seite ein, die mit **A** beginnen.

3

Zusatzaufgabe

Kennst du noch mehr Dinge, die mit A beginnen? Male sie auf einem extra Blatt und schreibe neben jedes ein großes A.

Male die **A**meisen, die noch gebraucht werden, um das große **A** fertigzustellen.

4

Bb

Das ist der Buchstabe **B**. Schreibe den großen und den kleinen Buchstaben **B**, indem du die Linien nachziehst. Dann versuche es alleine.

Kreise das Insekt ein, das mit B beginnt.

Male die Ballons bunt, in denen du ein **B** oder **b** siehst.

6

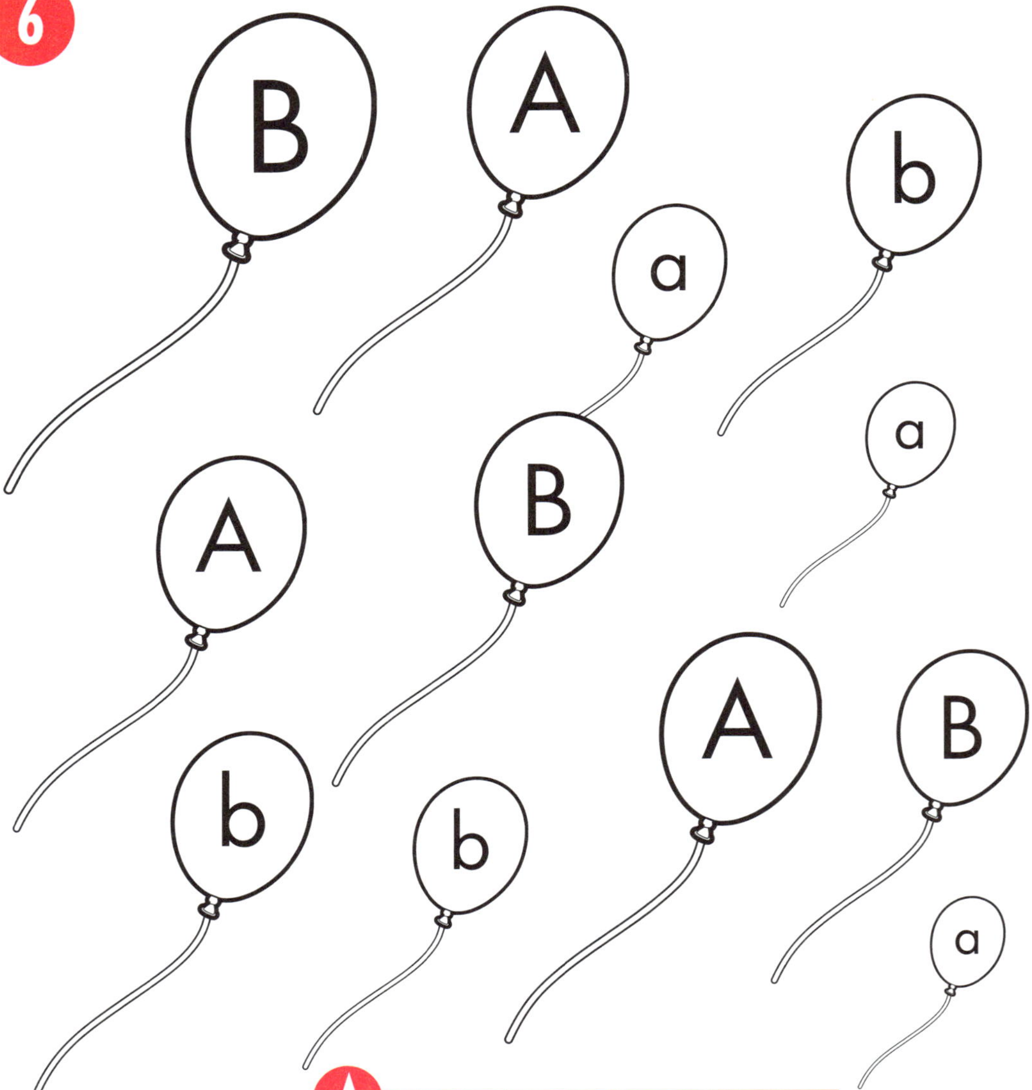

Zusatzaufgabe

Schreibe ein großes krakeliges B, wie ein Baby es malen würde.

Hier ist alles für ein Picknick vorbereitet. Kreise alles Essen ein, das mit **A** oder **B** beginnt.
Schreibe jeweils den richtigen Buchstaben neben diese Dinge.

7

Cc

Das ist der Buchstabe **c**. Schreibe den großen und den kleinen Buchstaben **c**, indem du die Linien nachziehst. Dann versuche es alleine.

Cents schreibt man mit C. Male die 1-, 2-, 5-, 10- und 20-Cent-Münzen in den richtigen Farben an.

Die Wörter auf dieser Seite schreibt man alle mit **C** am Anfang. Sprich von allen Dingen die Namen laut aus und höre, wie verschieden das **C** am Anfang gesprochen wird. Ziehe bei jedem Wort das große **C** farbig nach, dann male die Bilder bunt an.

9

Clown

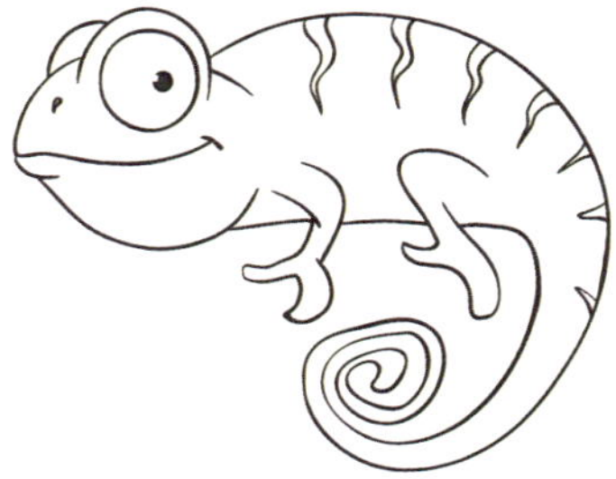

Chamäleon

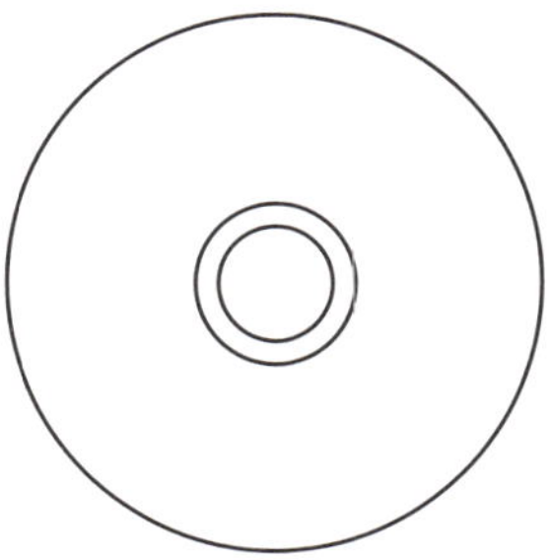

Chili

CD

Computer

Cello

Dd

Das ist der Buchstabe **D**. Schreibe den großen und den kleinen Buchstaben **D**, indem du die Linien nachziehst. Dann versuche es alleine.

Kreise das Fahrzeug ein, das mit D beginnt.

Kreise alle Dinge ein, die mit dem Buchstaben **D** anfangen.
Sprich die Dinge laut aus!

11

Ee

Das ist der Buchstabe **E**. Schreibe den großen und den kleinen Buchstaben **E**, indem du die Linien nachziehst. Dann versuche es alleine.

Kreise den Körperteil ein, der mit E beginnt.

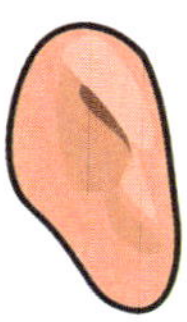
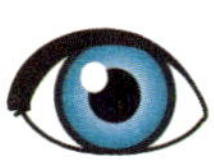
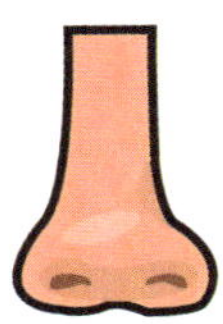
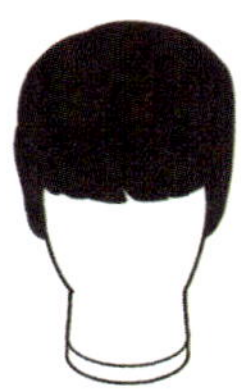
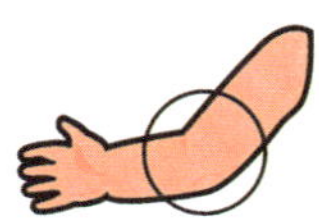

Male alle Felder an, in denen du ein **E** siehst.
Wen entdeckst du?

13

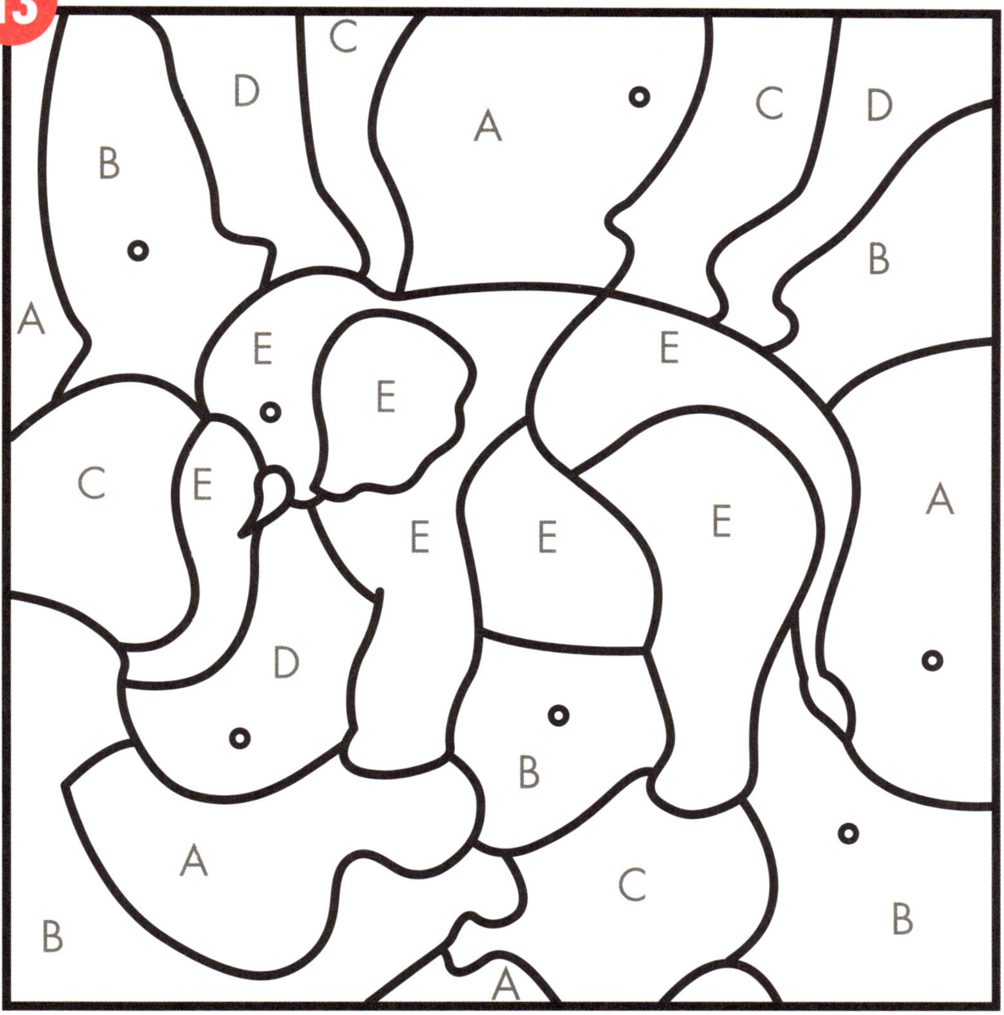

Zusatzaufgabe

Schreibe mit Bleistift ein großes E, dann radiere die unterste Linie wieder weg. Wie sieht der Buchstabe nun aus?

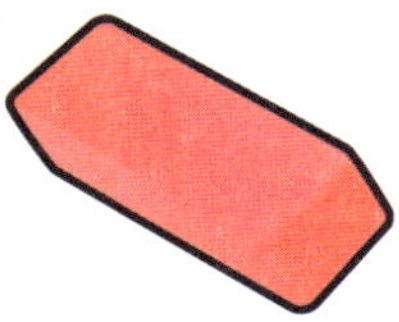

Ff

Das ist der Buchstabe **F**. Schreibe den großen und den kleinen Buchstaben **F**, indem du die Linien nachziehst. Dann versuche es alleine.

F F F F F

f f f f f

Kreise die Bälle ein, der mit F beginnen.

Mit den Buchstaben, die du nun kennst, kannst du schon den Namen dieses Tieres schreiben. Versuche es, indem du die angegebenen Buchstaben richtig sortierst.

15

E F F A

____ ____ ____ ____

Ganz perfekt wird es, wenn du nur den ersten Buchstaben groß schreibst und von den anderen die Kleinbuchstaben nimmst. Versuche es mal:

____ ____ ____ ____

Gg

Das ist der Buchstabe **G**. Schreibe den großen und den kleinen Buchstaben **G**, indem du die Linien nachziehst. Dann versuche es alleine.

Kreise die Gegenstände ein, die mit G beginnen.

16

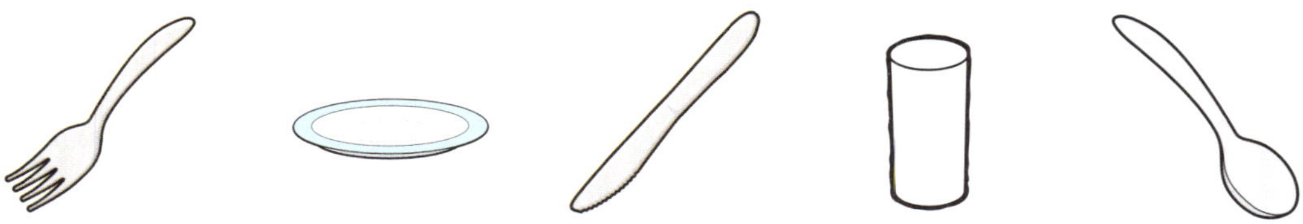

Der **G**orilla möchte **g**erne die Bananen essen.
Zeige ihm den Weg, der aus den Buchstaben **G** und **g** besteht.

17

		→	G	s	q	U
		A	g	C	a	d
i	w	g	g	f	c	O
G	g	G	F	i	n	D
g	m	k	R	b	C	a
G	C	g	a	w	X	Q
G	g	G	G			
d	M	S	e			

Schreibe zu jedem Großbuchstaben den zugehörigen Kleinbuchstaben in das passende Feld.

18 c f a d g b e

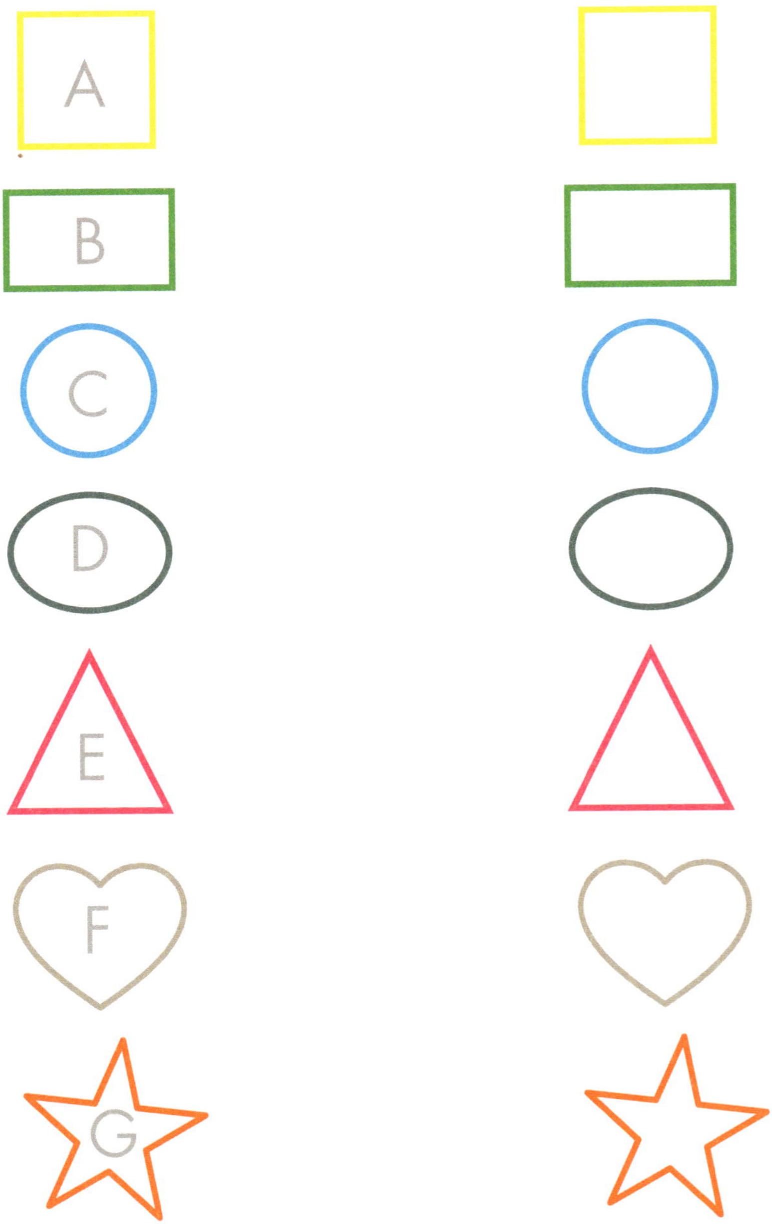

Hh

Das ist der Buchstabe **H**. Schreibe den großen und den kleinen Buchstaben **H**, indem du die Linien nachziehst. Dann versuche es alleine.

Kreise die Haustiere ein, die mit H beginnen.

Ziehe eine Linie von jedem Einrichtungsgegenstand zu dem Raum im **Haus**, in den es gehört. Schreibe das Wort **Haus** unten nach.

Haus

Ii

Das ist der Buchstabe I. Schreibe den großen und den kleinen Buchstaben i, indem du die Linien nachziehst. Dann versuche es alleine.

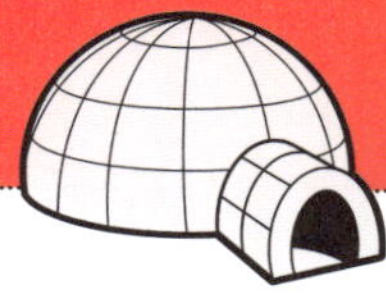

Welches dieser Tiere frisst gern Insekten und beginnt mit I? Kreise es ein.

Ein Iglu ist ein Haus aus Eisblöcken und Schnee.
Kreise das Tier ein, das du von einem Iglu aus beobachten könntest.

22

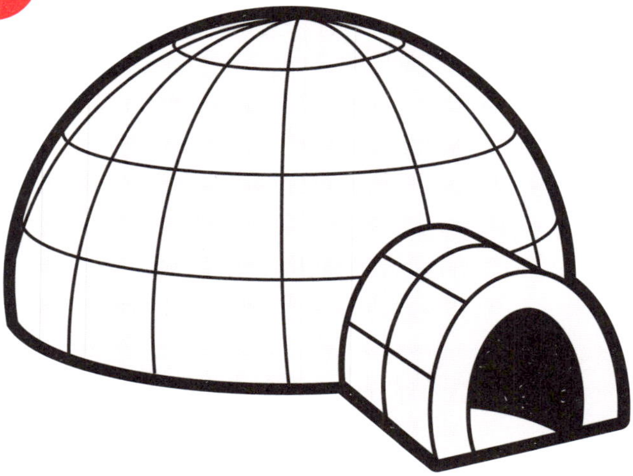

Jj

Das ist der Buchstabe **J**. Schreibe den großen und den kleinen Buchstaben **J**, indem du die Linien nachziehst. Dann versuche es alleine.

J J J J J

J

j j j j j

j

Kreise das Kleidungsstück ein, das mit J beginnt.

Johannisbeeren  gibt es in weiß, **rot** und **dunkellila** (fast schwarz).

24

Male diese Johannisbeeren so an:

J = rot   j = dunkellila

die übrigen bleiben weiß.

Kk

Das ist der Buchstabe **K**. Schreibe den großen und den kleinen Buchstaben **K**, indem du die Linien nachziehst. Dann versuche es alleine.

Köstlich gebacken! Kreise das Gebäck ein, das mit K beginnt. Womit fangen die anderen an?

Hilf der **K**atzenmutter, ihr **K**ätzchen zu finden, indem du den Buchstaben **K** und **k** folgst.

26

		→	K	s	q	U
		A	k	K	K	d
i	w	m	g	f	k	O
P	r	G	k	k	K	D
g	m	k	K	b	C	a
J	C	K	a	w	X	Q
S	g	k	K			
d	M	S	e			

Sage den Namen von jeder Frucht laut.
Mit welchem Buchstaben beginnt das Wort?
Schreibe ihn jeweils auf die Linien neben dem Bild.

27

B K A B

Ll

Das ist der Buchstabe **L**. Schreibe den großen und den kleinen Buchstaben **L**, indem du die **L**inien nachziehst. Dann versuche es alleine.

Kreise den Gegenstand ein, der mit L beginnt.

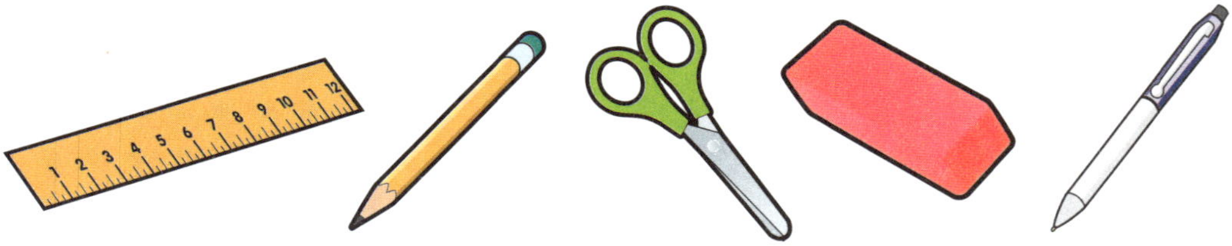

Mit den Buchstaben, die du nun kennst, kannst du schon einige Wörter lesen oder schreiben. Entdeckst du hier alle großen und kleinen **L** in den Wörtern? Kreise sie ein.

29

Koala

Igel

Libelle

Ball

Schreibe in diesen Gegenstand seinen Namen hinein.
Umkreise dann auch hier alle L oder l.

Ergänze das Alphabet von **Aa** bis **Ll** in der richtigen Reihenfolge.
In jeden Waggon kommt ein großer Buchstabe zusammen mit seinem Kleinbuchstaben.

30

Mm

Das ist der Buchstabe **M**. Schreibe den großen und den kleinen Buchstaben **M**, indem du die Linien nachziehst. Dann versuche es alleine.

Kreise das Nagetier ein, das mit M beginnt.

Zwei von diesen Marienkäfern unterscheiden sich von allen anderen.
Suche diese beiden und kreise sie ein.

32

Kreise jeweils die Gruppe von Buchstaben ein, die genauso ist wie die erste Gruppe in der Reihe.

33

CDD	CDC	CCD	CDD
FEF	FFE	FEF	FFF
HHJ	HJJ	HHJ	JJH
KMM	KMK	KMM	KKM
LIL	LIL	LLI	IIL

Nn

Das ist der Buchstabe **N**. Schreibe den großen und den kleinen Buchstaben **N**, indem du die Linien nachziehst. Dann versuche es alleine.

N N N N N

N

n n n n n

n

Kreise den Körperteil ein, der mit N beginnt.

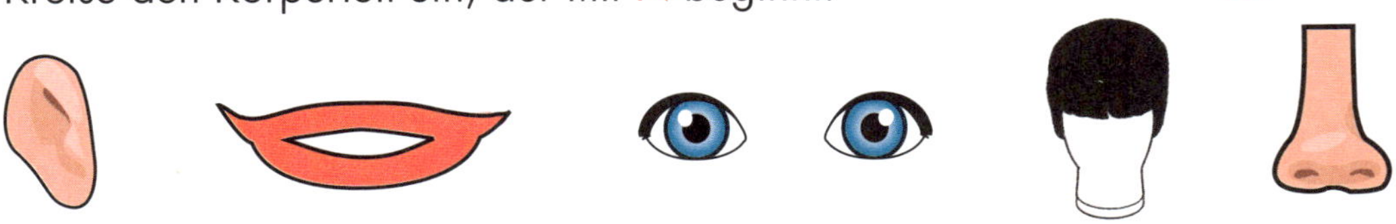

Male alle Nüsse aus, in denen du ein **N** oder **n** siehst.

Zusatzaufgabe

Der kleine Buchstabe n sieht aus wie ein Hügel, das große M wie zwei Berge. Male eine ganzes Gebirge aus M und n.

Sprich das Wort zu jedem Bild laut aus. Ziehe eine Linie von dem Bild zu dem Buchstaben, mit dem es beginnt.

36

Nn

Mm

Hh

Ll

Dd

Oo

Das ist der Buchstabe O. Schreibe den großen und den kleinen Buchstaben o, indem du die Linien nachziehst. Dann versuche es alleine.

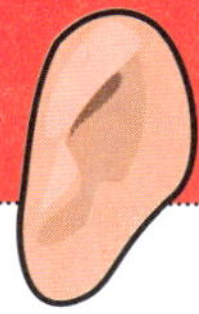

Kreise die Frucht ein, die mit O oder A beginnen kann.

In jedem Wort zu den Bildern unten steckt ein O.
Sprich jedes Wort laut aus. Hörst du das O am Anfang vom Wort, am Ende oder in der Mitte? Male den Balken unter dem Wort entsprechend vorne, hinten oder in der Mitte aus. Das Erste ist schon fertig.

38

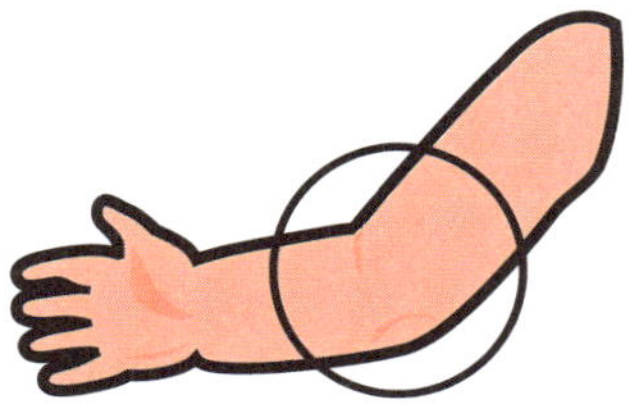

Schreibe die Buchstaben jeder Gruppe in der Reihenfolge, wie sie im Alphabet stehen.

39

M O N

F D E

__ __ __

__ __ __

K L J

C B A

__ __ __

__ __ __

Zusatzaufgabe

Welches Wort kannst du aus den Buchstaben A, M und O schreiben? Schreibe den ersten Buchstaben groß, die anderen klein.

Pp

Das ist der Buchstabe **P**. Schreibe den großen und den kleinen Buchstaben **P**, indem du die Linien nachziehst. Dann versuche es alleine.

Kreise das Gemüse ein, das mit P beginnt.

40

Sprich den Namen jedes Tieres laut aus und schreibe den Anfangsbuchstaben neben das Tier. Kreise alle Tiere ein, die mit **P** beginnen.

41

Zusatzaufgabe

Schreibe das Wort PALME, indem du jeden Buchstaben aus Palmen malst. – Und welche 2 Wörter kannst du aus diesen Buchstaben auch noch schreiben?

Mit den Buchstaben, die du nun kennst, kannst du schon einige Wörter lesen oder schreiben. Entdeckst du hier alle großen und kleinen **P** in den Wörtern? Kreise sie ein.

42

Ampel

Panda

Papa

Papagei

Apfel

Qq

Das ist der Buchstabe **Q**. Schreibe den großen und den kleinen Buchstaben **Q**, indem du die Linien nachziehst. Dann versuche es alleine.

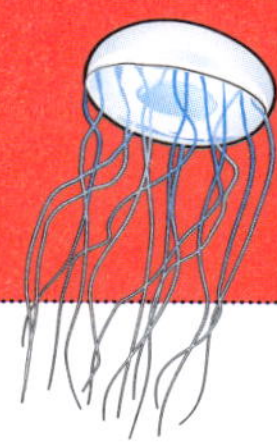

Q Q Q Q Q

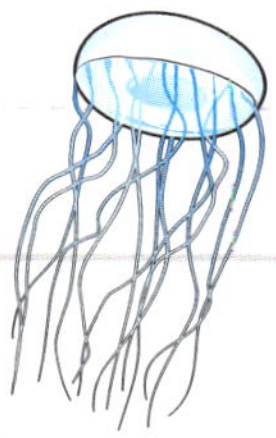

q q q q q

Das kleine q ist schwer zu erkennen. Findest Du es hier? Kreise es ein.

d P q p b

Schreibe zu jedem Kleinbuchstaben den zugehörigen Großbuchstaben in das passende Feld.

44 Q D P F O G B

b

d

f

g

o

p

q

★ ★

Die Qualle möchte ihren Freund, den Seestern, besuchen. Hilf ihr, den Weg durch das Stern-Labyrinth zu finden.

45

Rr

Das ist der Buchstabe **R**. Schreibe den großen und den kleinen Buchstaben **R**, indem du die Linien nachziehst. Dann versuche es alleine.

R R R R R

R

r r r r r

r

Kreise das Spielzeug ein, das mit R beginnt.

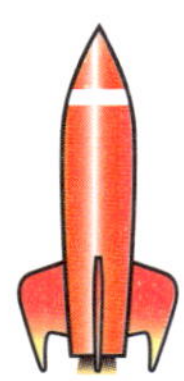

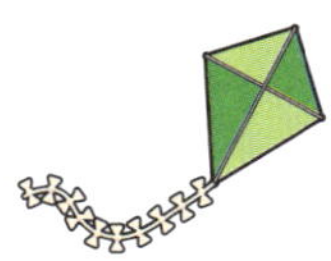

Kreise alle **R**egentropfen ein, in denen du den Buchstaben **R** siehst.

47

Mit den Buchstaben, die du nun kennst, kannst du schon den Namen dieses Gegenstandes schreiben. Fülle ihn mit vielen Spielzeugen und schreibe das Wort unten auf den Linien nach.

48

Regal

Ss

Das ist der Buchstabe **S**. Schreibe den großen und den kleinen Buchstaben **s**, indem du die Linien nachziehst. Dann versuche es alleine.

Alles sauber? Kreise die Dinge ein, die mit S beginnen.

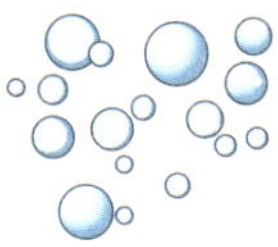

Kreise die Dinge auf dieser Seite ein, die mit **S** beginnen.
Wo kommen diese Dinge alle zusammen vor?

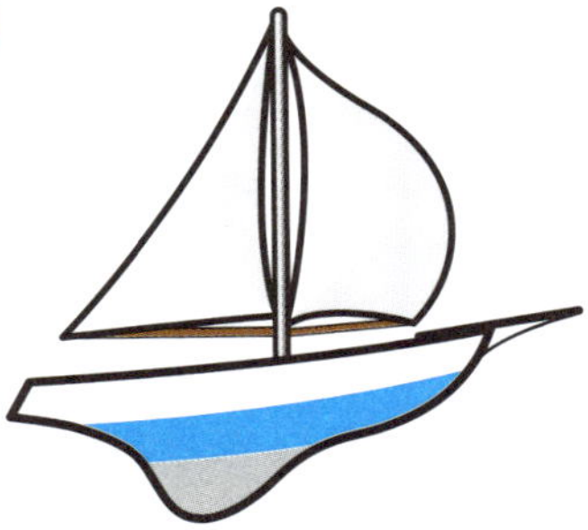

Zusatzaufgabe

Kennst du noch mehr Dinge, die man am Sandstrand sehen kann und die mit S beginnen? Male sie auf einem extra Blatt und schreibe neben jedes ein großes S.

In jedem Wort zu den Bildern unten steckt ein **S**.
Sprich jedes Wort laut aus. Hörst du das **S** am Anfang vom Wort, am Ende oder in der Mitte? Male den Balken unter dem Wort entsprechend vorne, hinten oder in der Mitte aus.

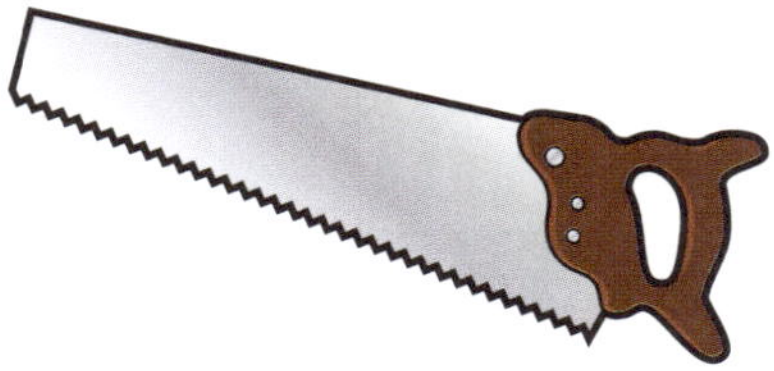

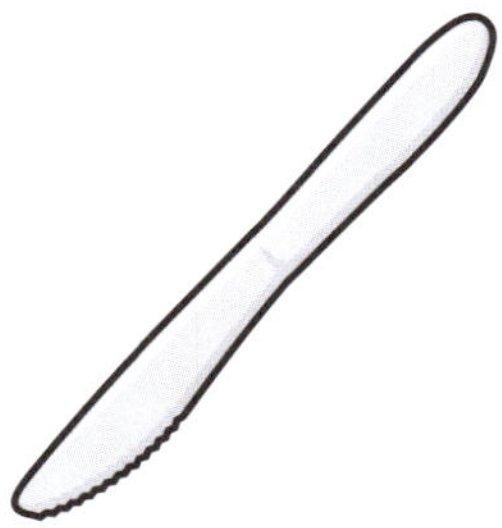

Sprich von allen Dingen die Namen laut aus.
Hörst du **Sch** oder **S** am Anfang? Schreibe neben jedes
Bild den richtigen Anlaut.

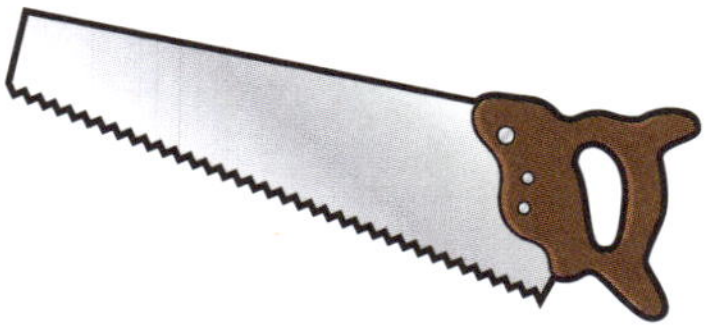

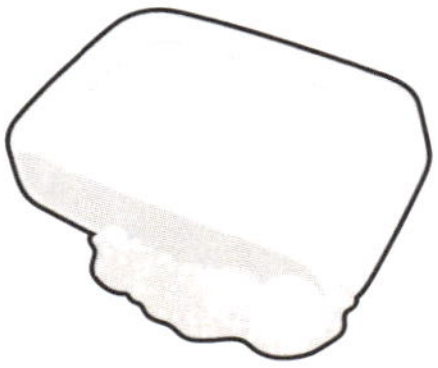

Tt

Das ist der Buchstabe **T**. Schreibe den großen und den kleinen Buchstaben **T**, indem du die Linien nachziehst. Dann versuche es alleine.

Kreise die Dinge ein, die mit T beginnen.

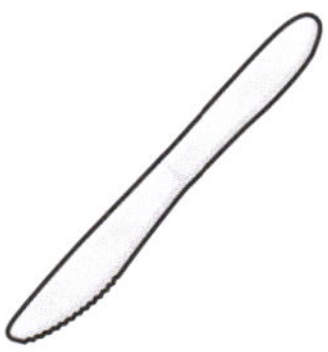

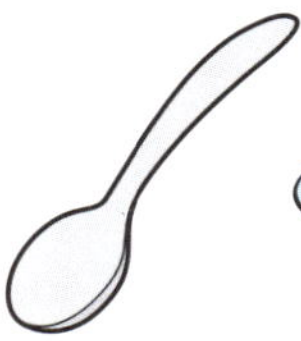

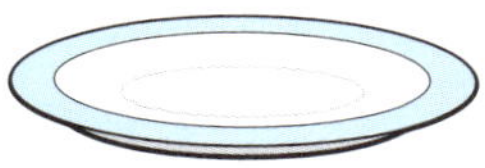

Kreise die Instrumente ein, die mit **T** beginnen, und verbinde jedes von ihnen mit dem richtigen Namen.

54

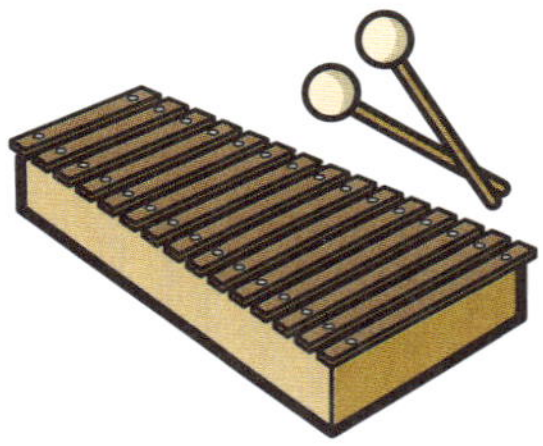

Trommel Trompete Tuba

Zusatzaufgabe

Male ein T, das aussieht wie ein buntes T-Shirt.

Schreibe die fehlenden Buchstaben von **M** bis **T** in alphabetischer Reihenfolge in den Zug.

55

Uu

Das ist der Buchstabe **U**. Schreibe den großen und den kleinen Buchstaben **u**, indem du die Linien nachziehst. Dann versuche es alleine.

Kreise das Tier ein, das mit U beginnt.

Der **U**hu möchte zurück zu seinem Schlafbaum. Zeige ihm den Weg durch den Wald, indem du den Pfad nachziehst, der aus dem wiederholten Wort **Uhu** gebildet ist.

57

n N e H A n

o U h u U h

a u A o N u

N U e N h m n a U

a h o m U a H e h

m u U h u N n o u

H e A n a N

e n o H e m

n m a o A n

Vv

Das ist der Buchstabe **V**. Schreibe den großen und den kleinen Buchstaben **v**, indem du die Linien nachziehst. Dann versuche es alleine.

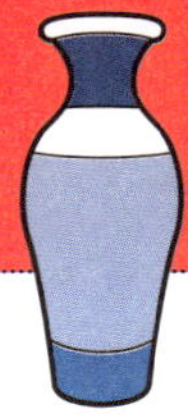

V V V V V

v v v v v

Kreise das Tier ein, das mit V geschrieben wird.

Finde die fünf in der Stadt **v**ersteckten **V**s.
Kannst du auch noch mehr **V**s entdecken?

59

Zusatzaufgabe

Male ein V aus Veilchen.

Die Geige hat noch einen zweiten Namen, der mit **V** beginnt. Schreibe diesen Namen auf die Linien unten, indem du die angegebenen Buchstaben richtig sortierst.

60

Schreibe nun auch den ersten Namen, mit G, alleine:

Ww

Das ist der Buchstabe **W**. Schreibe den großen und den kleinen Buchstaben **w**, indem du die Linien nachziehst. Dann versuche es alleine.

Kreise die Nuss ein, deren Name mit W beginnt.

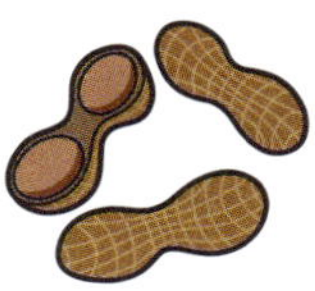

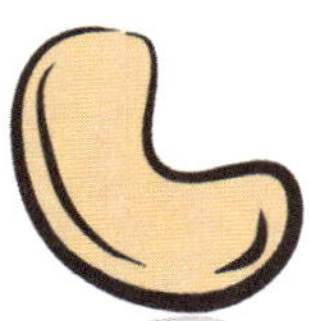

Wer lächelt da so freundlich? Um es herauszufinden, verbinde die Punkte in alphabetischer Reihenfolge von **I** bis **W**. Dann male das Bild aus.

62

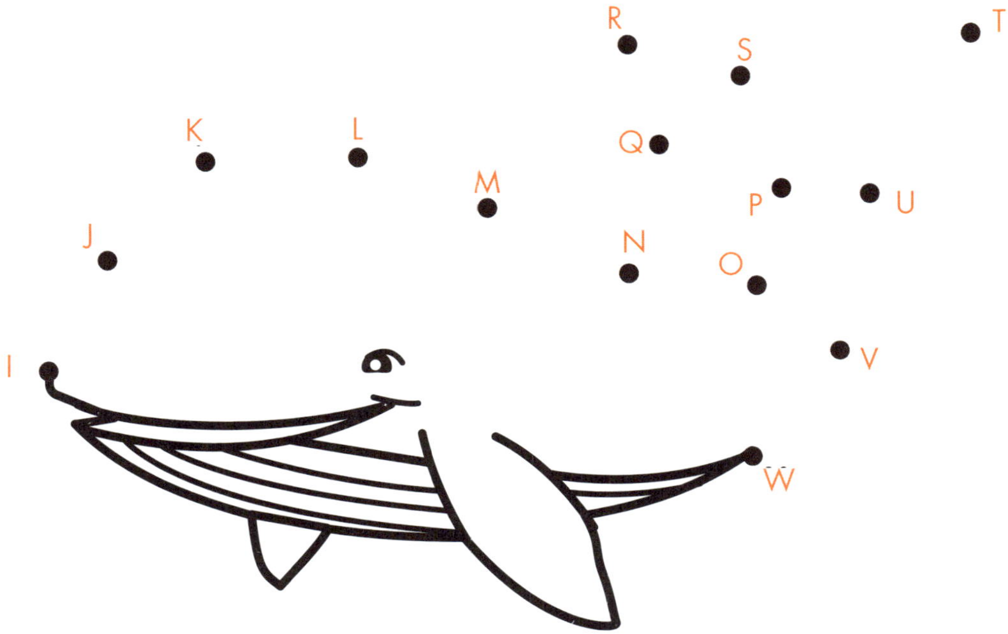

Zusatzaufgabe

Mit dem Buchstaben W beginnen viele Fragewörter. Schreibe zwei von ihnen: wer und was. Fallen dir noch mehr Fragewörter mit W ein?

Xx

Das ist der Buchstabe **X**. Schreibe den großen und den kleinen Buchstaben **x**, indem du die Linien nachziehst. Dann versuche es alleine.

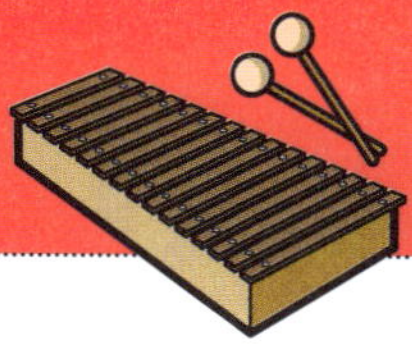

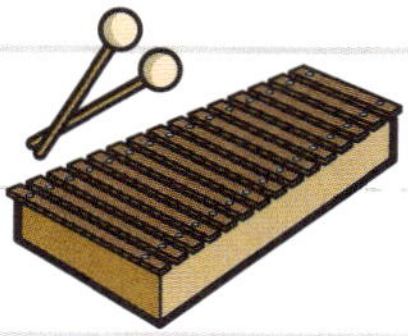

X steht meist nicht am Anfang eines Wortes, sondern in der Mitte.
Kreise den Meeresbewohner ein, bei dem du ein X hörst.

Sprich den Namen zu jedem Bild laut aus. Kreise alle Bilder ein, bei denen du ein **X** im Wort hörst. Kannst du auch zu allen Bildern auf der Seite den richtigen Anfangsbuchstaben schreiben?

64

Zusatzaufgabe

Male eine Schatzkarte mit vielen Wegen und Hindernissen wie ein Labyrinth. Kennzeichne den Schatz mit einem großen X.

Yy

Das ist der Buchstabe **Y**. Schreibe den großen und den kleinen Buchstaben **Y**, indem du die Linien nachziehst. Dann versuche es alleine.

Y Y Y Y Y

y y y y y

Schreibe den Namen des Buchstaben Y hier nach.

Ypsilon

Verbinde jeweils die Bilder mit einem Strich, deren Namen sich reimen.
Fallen dir noch weitere Reime zu Tieren ein?

65

Pferd

Fliege

Hase

Hund

Ziege

Mund

Herd

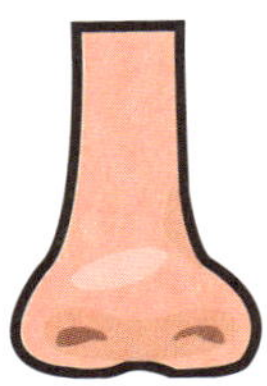

Nase

Zz

Das ist der Buchstabe **Z**. Schreibe den großen und den kleinen Buchstaben **z**, indem du die Linien nachziehst. Dann versuche es alleine.

Kreise das Obst ein, das mit Z beginnt.

Male die Zitronen aus, in denen du ein **Z** oder **z** siehst.

67

Was ist das wohl? Verbinde die Punkte von **A** bis **Z**, um das Bild fertig zu malen. Dann darfst du das Bild bunt ausmalen.

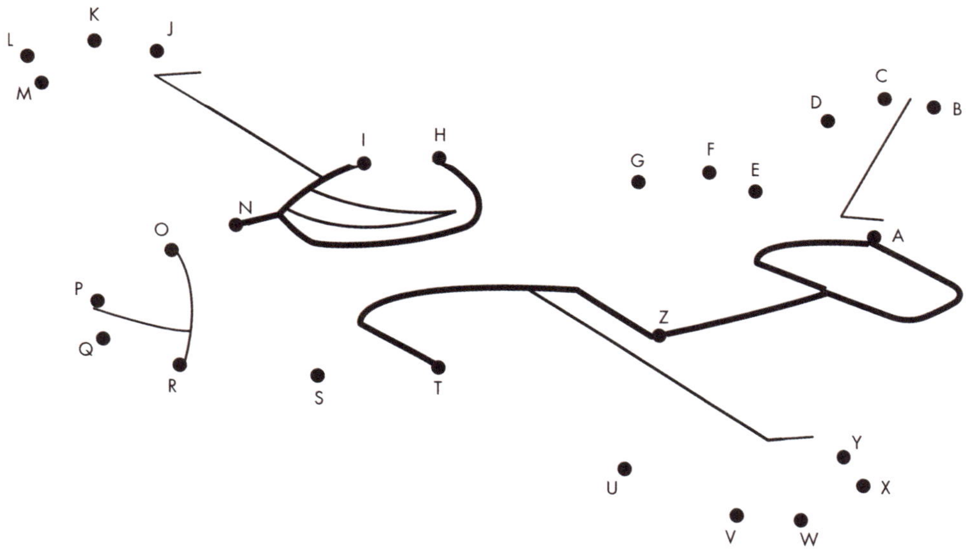

Zusatzaufgabe

Kannst du auch schon den Namen dieses Dinges schreiben? Versuche es auf einem extra Blatt.

Lösung

2

3

7

8

5

6

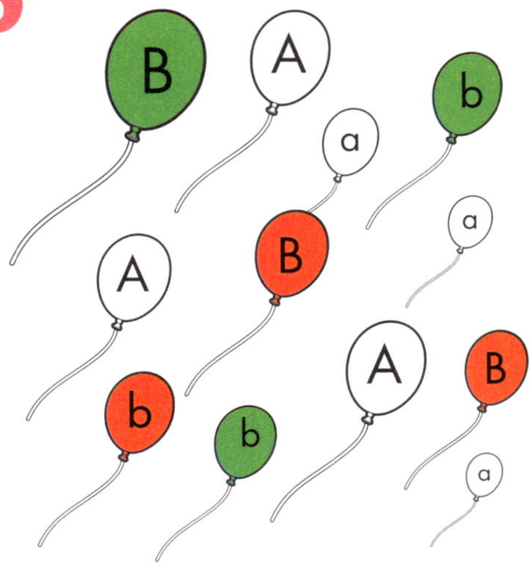

10

11

Lösung

12

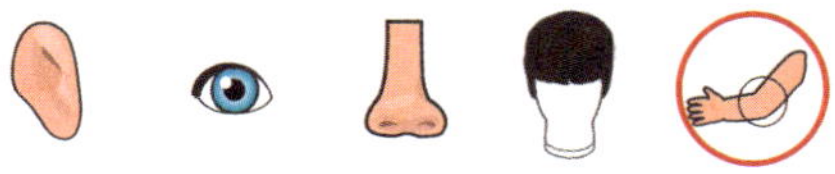

14

13

15

E F F A

A F F E

A f f e

16

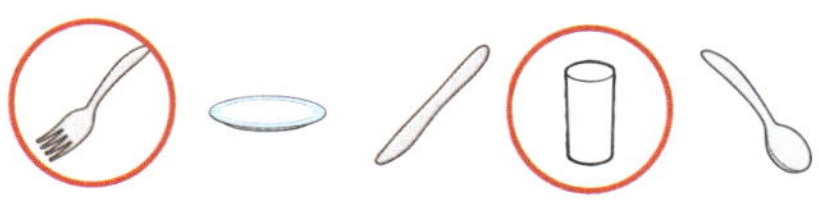

18

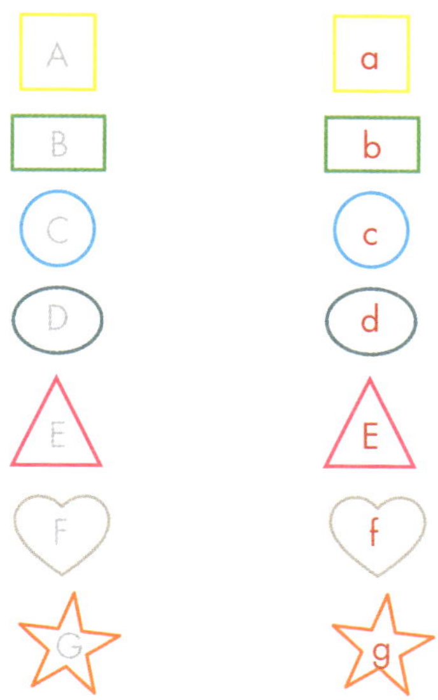

17

Lösung

19

21

20

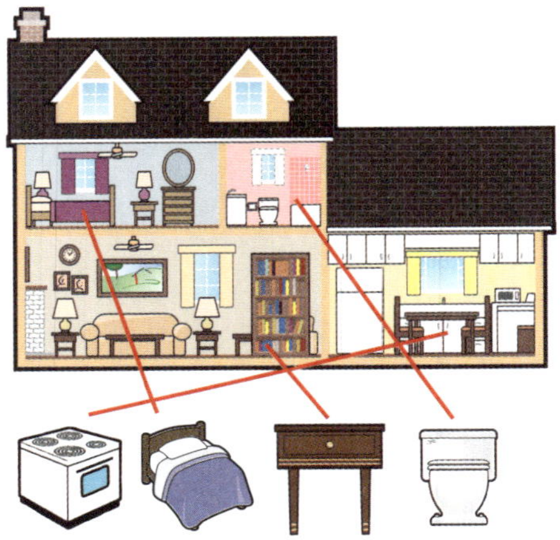

22

23

25

24

26

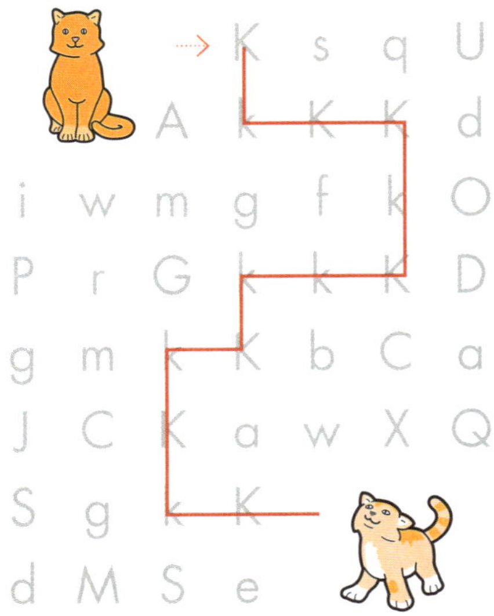

Lösung

27

A

B

K

B

28

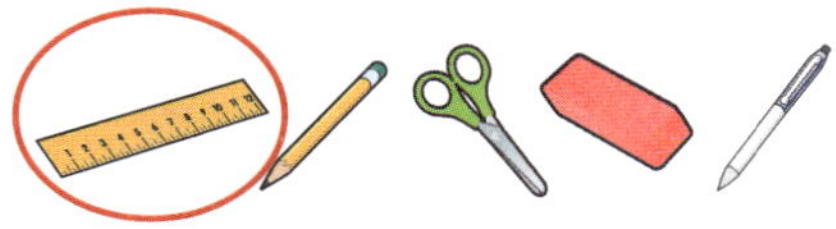

29

30

31

32

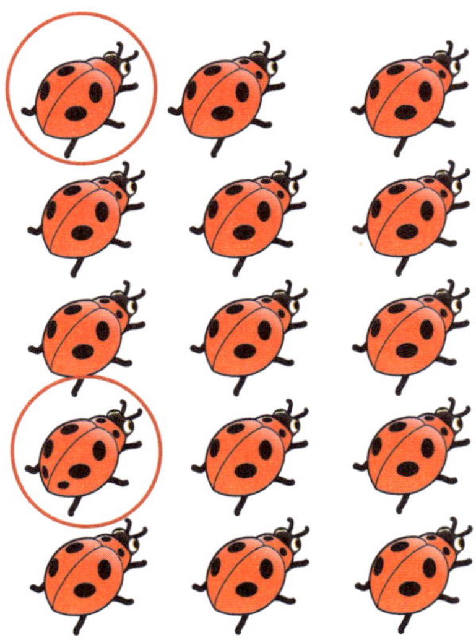

Lösung

33

CDD	CDC	CCD	CDD
FEF	FFE	FEF	FFF
HHJ	HJJ	HHJ	JJH
KMM	KMK	KMM	KKM
LIL	LIL	LLI	IIL

34

35

36

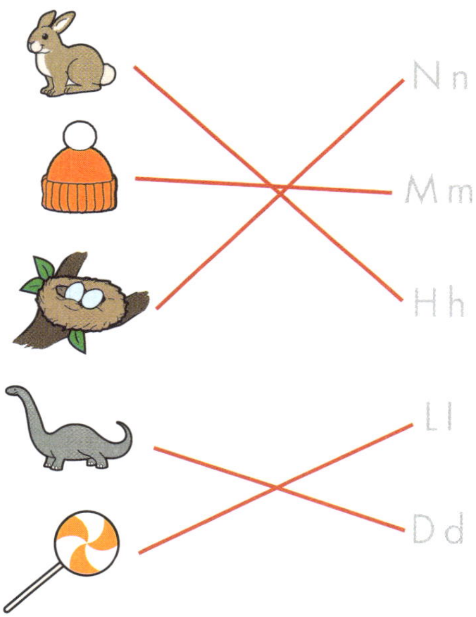

37

38

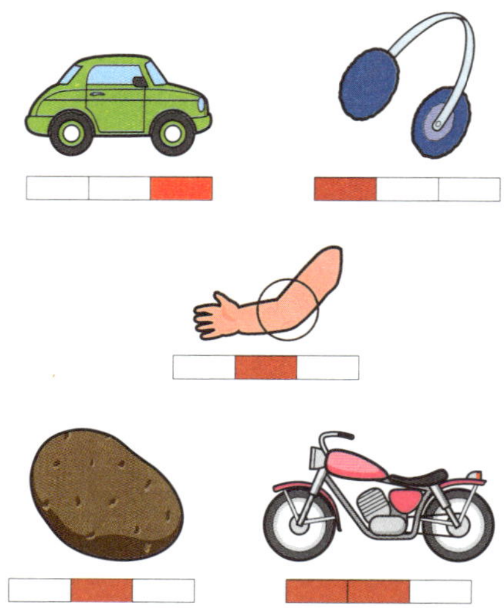

Lösung

39

MON

FDE

M N O

D E F

KLJ

CBA

J K L

A B C

40

41

42

43 d P q p b

44

b B

d D

f F

g G

o O

p P

q Q

Lösung

45

46

47

49

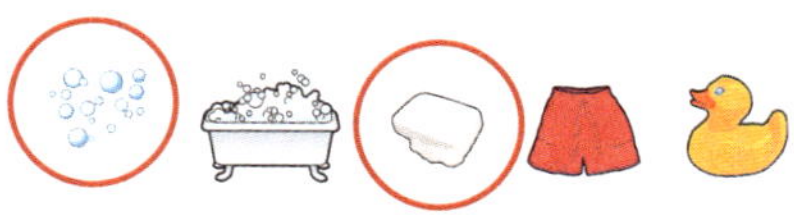

50

Diese Dinge siehst du alle am Strand.

51

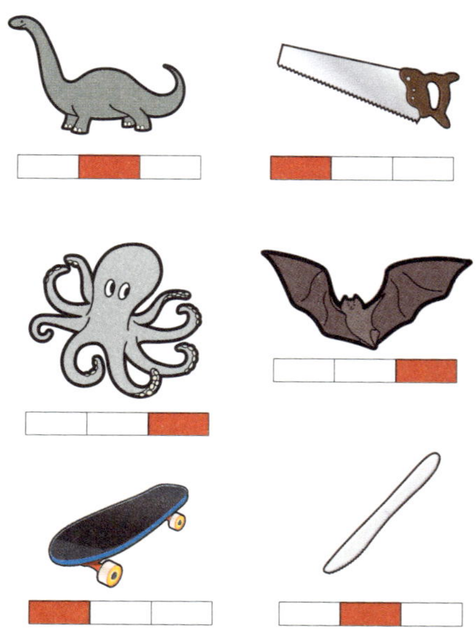

Lösung

52

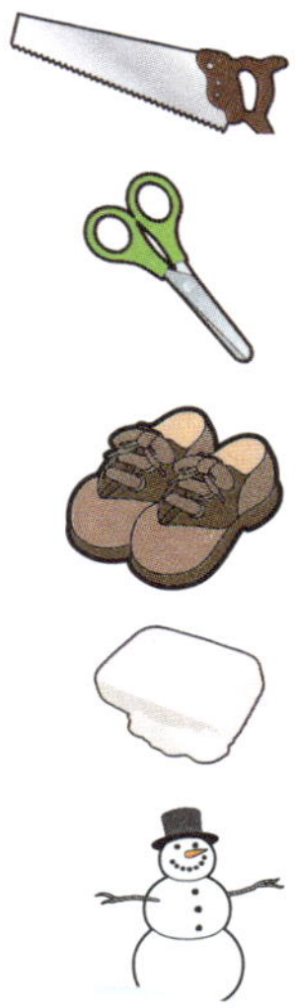

S

Sch

Sch

S

Sch

53

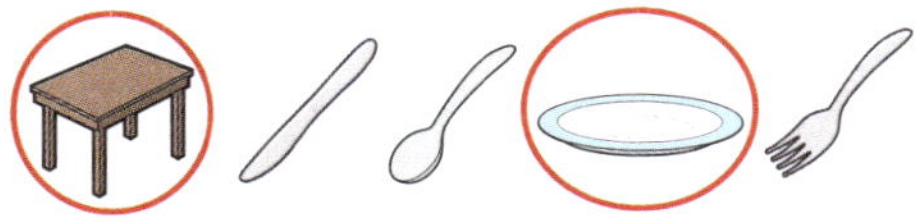

54

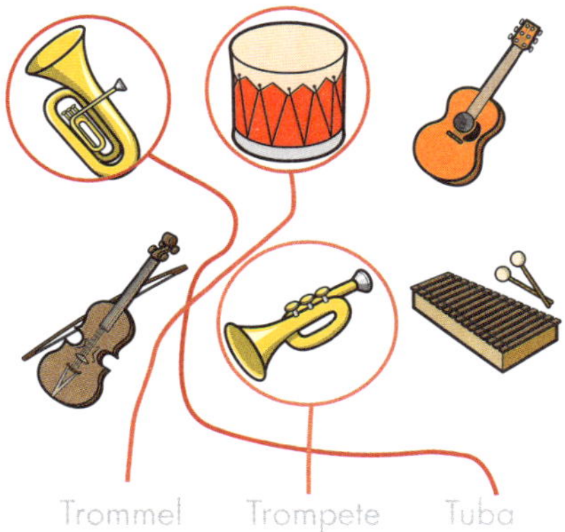

55

56

57

Lösung

58

59

60

V i o l i n e

Schreibe nun auch den ersten Namen, mit G, alleine:

G e i g e

61

62

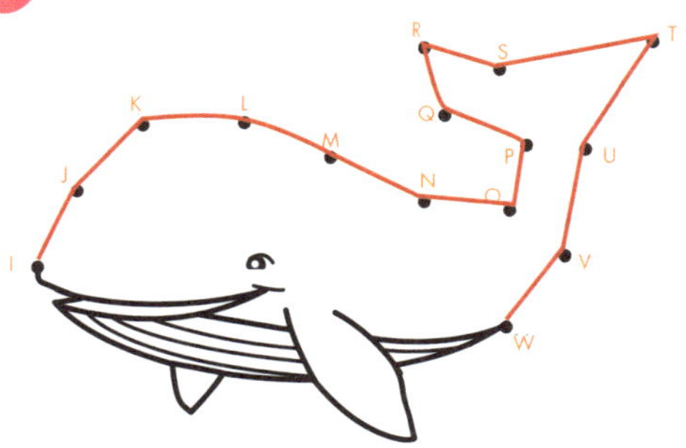

63

64

Lösung

65

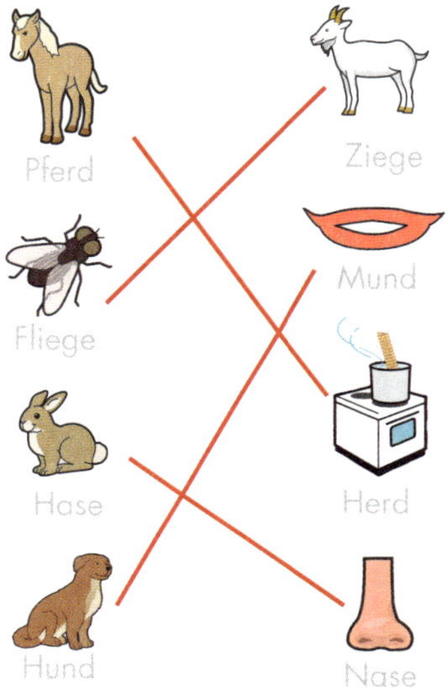

66

67

68

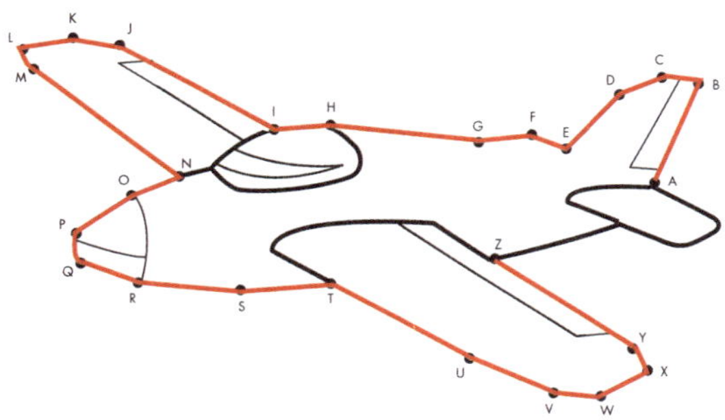

Übersetzung und redaktionelle Bearbeitung: Michaela Küpper, Cornelia Reichert
Illustrationen Münzen (S. 8, 70), Chamäleon (S. 9, 21, 58, 72, 78), Chili (S. 9), Computer (S. 9), Cello (S. 9), Igel (S. 21, 29, 72, 73), Jaguar (S. 23), Johannisbeeren (S. 24, 67, 72, 79), Haselnuss (S. 61, 78), Hexe (S. 64, 78) und Nixe (S. 63, 78): shutterstock
Covergestaltung: mediadepartment lindeskog + buchröder, Erfurt
Satz: Thema Media GmbH, Koblenz
Gesamtherstellung: Tandem Verlag GmbH, Potsdam

ISBN 978-3-8427-1601-8